고대 그리스에서 현대까지
쉽게 배우는
민주주의

지식의 즐거움 02
고대 그리스에서 현대까지
쉽게 배우는 민주주의

초판 1쇄 인쇄 2024년 2월 19일
초판 1쇄 발행 2024년 3월 4일

글 소피 라무뢰
그림 에릭 엘리오
옮긴이 권지현

펴낸곳 도서출판 개암나무(주)
펴낸이 김보경
경영관리 총괄 김수현 **경영관리** 배정은 조영재
편집 조원선 오누리 김소희 **디자인** 이은주 **마케팅** 이기성
출판등록 2006년 6월 16일 제22-2944호

주소 서울특별시 용산구 한남대로40길 19, 4층(한남동, JD빌딩) (우)04417
전화 (02)6254-0601, 6207-0603 **팩스** (02)6254-0602 **E-mail** gaeam@gaeamnamu.co.kr
개암나무 블로그 http://blog.naver.com/gaeamnamu **개암나무 카페** http://cafe.naver.com/gaeam

Original title: La grande odyssée de la démocratie By Sophie Lamoureux and Éric Héliot
ⓒ 2023, Actes Sud
Korean Translation Copyright ⓒ Gaeamnamu Publishing Co Ltd., 2024 All rights reserved.
This Korean edition was published by arrangement with Les Éditions Actes Sud (Arles, France)
through Bestun Korea Agency Co., Seoul

이 책의 한국어판 저작권은 베스툰 코리아 에이전시를 통해 저작권자와의 독점계약으로 개암나무㈜에 있습니다. 저작권법에 의해 한국 내에서 보호를 받는 저작물이므로 무단전재와 무단복제를 금합니다.

ISBN 978-89-6830-808-6 74080
ISBN 978-89-6830-801-7(세트)

KC | **품명** 아동 도서 | **제조년월** 2024년 3월 4일 | **사용연령** 10세 이상
제조자명 개암나무(주) | **제조국명** 대한민국 | **전화번호** 02-6254-0601
주소 서울특별시 용산구 한남대로40길 19, 4층(한남동, JD빌딩)

고대 그리스에서 현대까지

쉽게 배우는 민주주의

소피 라무뢰 글 에릭 엘리오 그림 권지현 옮김

개암나무

들어가며

오늘날 최선의 정치 체제로
여겨지는 민주주의!

민주주의는 고대 아테네인들이 생각해 냈어요. 이 정치 체제는 시민들이 자신에게 영향을 미칠 정책 결정에 참여할 수 있어요.

역사적으로 볼 때 아테네인들만 민주주의에 관한 실험을 계속했어요. 다른 민족도 법안에 직접 찬반 투표를 하고 지도자를 뽑고 싶어 하긴 했어요. 고대 로마와 갈리아족 같은 켈트족˙이 살던 도시에서 발견된 유적들이 바로 그 증거예요. 이곳 주민들은 넓은 공공장소에서 만났지요.

민주주의는 고대 이후에도 살아남았어요. 중세에도 마을과 도시 주민이 찬반 투표로 지역에 필요한 일들을 결정했고요. 또 민주주의를 간절히 원하고 보통 선거권을 쟁취하기 위해 오래 투쟁했던 사람들이 혁명을 일으켜 프랑스의 앙시앵 레짐˙을 무너뜨린 이후에도 민주주의가 수백 년 동안 이어졌어요.

이처럼 민주주의는 대항해를 했던 《오디세이아》의 주인공 율리시스처럼 고대부터 오늘날까지 긴 여정을 거치며 변화했습니다.

그럼 이제부터 민주주의의 모든 것이 시작된 아테네를 살펴보면서 민주주의가 걸어온 길을 따라가 볼까요?

켈트족 프랑스 남부 지방에 살던 유목 민족으로, 게일족이라고도 해요.
앙시앵 레짐 옛 체제라는 프랑스어예요. 프랑스 혁명 이전, 군주가 절대적 권력을 가진 절대 왕정 체제를 말해요.

차례

들어가며	5
민주주의의 시작	8
민주주의와 평등	13
아테네의 민주 정치 조직도	18
아테네 현장에서	22
공격받은 민주주의	27
그 시각 로마에서는	35
켈트족의 민중 회의	40
중세에도 투표를 했어요!	44
혁명이 낳은 전환점	52
선거권을 향한 긴 싸움	57
참정권을 주장한 여성들	61
반대에 부딪힌 대의 민주주의	65
오늘날의 보통 선거	72
법안 투표	76
시민들의 또 다른 표현 수단	82
위기의 민주주의 국가들	87
시민들이 무관심해진 걸까요?	92

민주주의의 시작

인간은 도시에 모여 살기 시작하면서 정치 체제를 만들었어요. 정치 체제는 법을 만들고 행정을 하고 재판해서 처벌하는 한 국가의 정치 제도를 말해요. 민주주의 체제에서 국민은 자신의 권리를 주장할 수 있어요.

다양한 정치 체제

초기에는 자신을 신의 대리자라고 주장하는 한 사람이 나라를 다스리는 군주제(또는 전제 정치)와 소수의 사람이 나라를 다스리는 귀족제(또는 과두제)가 서로 대립했어요.

국민이 나라의 주인인 민주주의는 가장 늦게 나타났지요.

시민의 모임

고대 그리스, 로마, 켈트족의 정치 체제는 서로 달랐지만 한 가지 공통점이 있었어요. 바로 시민들이 정기적으로 모여 집정관*을 뽑고 법을 만들기 위해 투표했다는 거예요.

세 체제의 차이점은 누구에게까지 시민의 권리, 즉 투표할 수 있는 자격을 주느냐에 있었어요. 권력자는 늘 가장 가난한 사람들의 지지를 받으려 했어요. 그들이 지지해야 부유층의 권리가 정당해지기 때문이었지요.

민주주의의 뜻

민주주의는 고대 아테네인들이 생각해 냈어요. 그러니 민주주의의 어원이 그리스어라는 것은 놀랍지 않지요. 민주주의(democracy)는 국민을 뜻하는 데모스(demos)와 지배 또는 힘을 뜻하는 크라토스(cratos)를 합친 말이에요. 따라서 민주주의는 국민이 스스로 지배한다는 뜻이에요.

집정관 로마 공화정 때에 행정과 군사를 맡아보던 사람을 뜻해요.

아테네의 성공

메가라나 사모스 같은 고대 그리스의 도시 국가들도 민주주의를 실험했어요. 하지만 아테네만이 제도를 유지하는 데 성공했어요. 아테네는 기원전 6세기에서 기원전 4세기까지 200년 동안 민주주의 체제를 이어 갔어요.

도시 국가 아테네

고대 그리스의 도시 국가는 독립적인 정치 공동체였어요. 직접 법을 만들었고 그 법을 도시 국가의 영토에 적용했지요. 도시 국가는 오늘날의 국가와 같은 개념이에요. 그래서 도시 '국가'라고 부르지요. 도시 국가의 영토는 그 도시뿐만 아니라 주변 지역까지 모두 포함했어요.

도시 국가 아테네는 지중해에 인접한 아티키 지역(지중해 동부) 전체에 걸쳐 있었어요. 우리나라의 행정 구역 중 '도' 정도에 해당하는 면적이었지요.

당시에 아테네 시민은 25만~30만 명이었는데, 그중 시민은 전체의 약 15퍼센트로, 4만~4만 5,000명밖에 안 되었어요.

민주주의와 평등

아테네의 민주주의는 하루아침에 이루어진 게 아니에요. 기원전 7세기, 민주주의의 역사는 한 가지 원칙에서 시작되었어요. 바로 평등이에요. 처음에는 귀족들의 평등만 중요했어요. 하지만 아테네 사람 중 노예가 아닌 성인 남자는 부자든 가난하든 도시 국가를 지키기 위해 싸웠기 때문에 모두 정치적 결정 과정에 참여하는 게 합당하다고 받아들여졌어요. 그렇게 되기까지 많은 투쟁이 필요했지요.

평등의 확산

아주 오래전, 아테네는 왕이 지배했어요. 호메로스가 쓴 대서사시 《일리아드》에도 메네스테우스 왕이 등장하지요. 하지만 기원전 7세기에 왕의 권력이 귀족들의 손에 넘어갔어요.

귀족들은 해마다 자신들 중 세 명을 아르콘으로 뽑았어요. 아르콘은 권력을 가지고 도시 국가를 다스리는 집정관이었어요. 여러 아르콘이 법을 개혁하면서 민주주의의 싹을 조금씩 키워 갔지요.

성문법을 만든 드라콘

기원전 620년, 아르콘이었던 드라콘은 도시 국가의 혼란을 끝내기 위해 엄격한 성문법*을 만들게 했어요. 이 드라콘 법전은 아주 가혹했어요. 1세기에 로마 작가인 플루타르코스가 '피로 쓰인 법'이라고 표현했을 정도지요. 가장 새로웠던 점은 가난하건, 부자건 관계없이 만인에게 법을 적용했다는 사실이에요. '누구나 법 앞에 평등하다'라는 원칙을 만들어 낸 사람이 바로 드라콘이에요.

귀족적 평등을 주장한 솔론

기원전 590년, 아르콘이었던 솔론은 빚을 진 농부들을 노예로 삼을 수 없다고 선포했어요. 귀족들의 사법권*을 견제하기 위한 민중 재판소도 설치했지요.

솔론이 주장한 평등은 시민들 사이에 계급을 없애는 게 아니라 누구나 전체에 도움이 되도록 노력한 만큼의 권리를 누려야 한다는 뜻이었어요. 그래서 솔론은 공동체를 위해 온몸을 바치

성문법 문자로 적어 문서의 형식을 갖춘 법을 이야기해요.
사법권 민사, 형사, 행정에 관한 재판권이에요.

는 아르콘인 자신이 일반 시민보다 더 많은 권력을 갖는 게 당연하다고 여겼지요.

솔론이 주장한 귀족적 평등은 비례적 평등이에요. 솔론은 피타고라스와 같은 시대에 살았어요. 맞아요, 수학 시간에 배우는 '피타고라스의 정리'를 만든 그 피타고라스요! 그는 기원전 580년에 아테네 남동부에 있는 작은 섬인 사모스섬에서 태어났어요.

행정 구역을 정비한 클레이스테네스

기원전 507년, 아르콘이었던 클레이스테네스는 아테네의 행정 구역을 재정비했어요. 지리적 위치를 기준으로 열 개의 부족 구역을 설치했지요. 아버지의 성을 이어받던 시민들은 이때부터 소속 구역의 이름을 성으로 사용했어요. 이 정책은 사람들의 의식을 크게 바꾸었어요. 빈부와 관계없이 누구나 중요한 직책에 오를 수 있게 되었으니까요.

수학적으로 보면 어떨까요? 비례적 평등은 도시 국가에서 개인의 힘이 지위(대부분 출생, 재산, 명예)에 비례한다는 뜻이에요. 이것이 산술적 평등으로 바뀌었지요. 산술적 평등은 출생이나 재산에 상관없이 누구나 동등한 권리와 힘을 갖는다는 의미예요.

페리클레스의 시대

아테네의 민주주의는 페리클레스 시대에 황금기를 맞았어요. 페리클레스는 아르콘이자, 군 최고 사령관이었기 때문에 전쟁과 외교도 담당했어요.

기원전 461년~429년, 페리클레스는 민중의 힘(데모스)을 강화했어요. 예를 들면 가난한 시민에게 2오볼*을 주고 시민 법정 헬리아이아의 배심원을 선출하는 제비뽑기에 지원할 수 있게 했어요. 2오볼은 노동의 대가였지요.

그뿐만 아니라 시민권 취득을 더 어렵게 만들었어요. 이전까지는 아버지만 아테네 출신이면 시민이 되었지만, 정책이 바뀌면서 부모 모두가 아테네 출신이어야 했지요.

오볼 아테네에서 사용하던 은화.

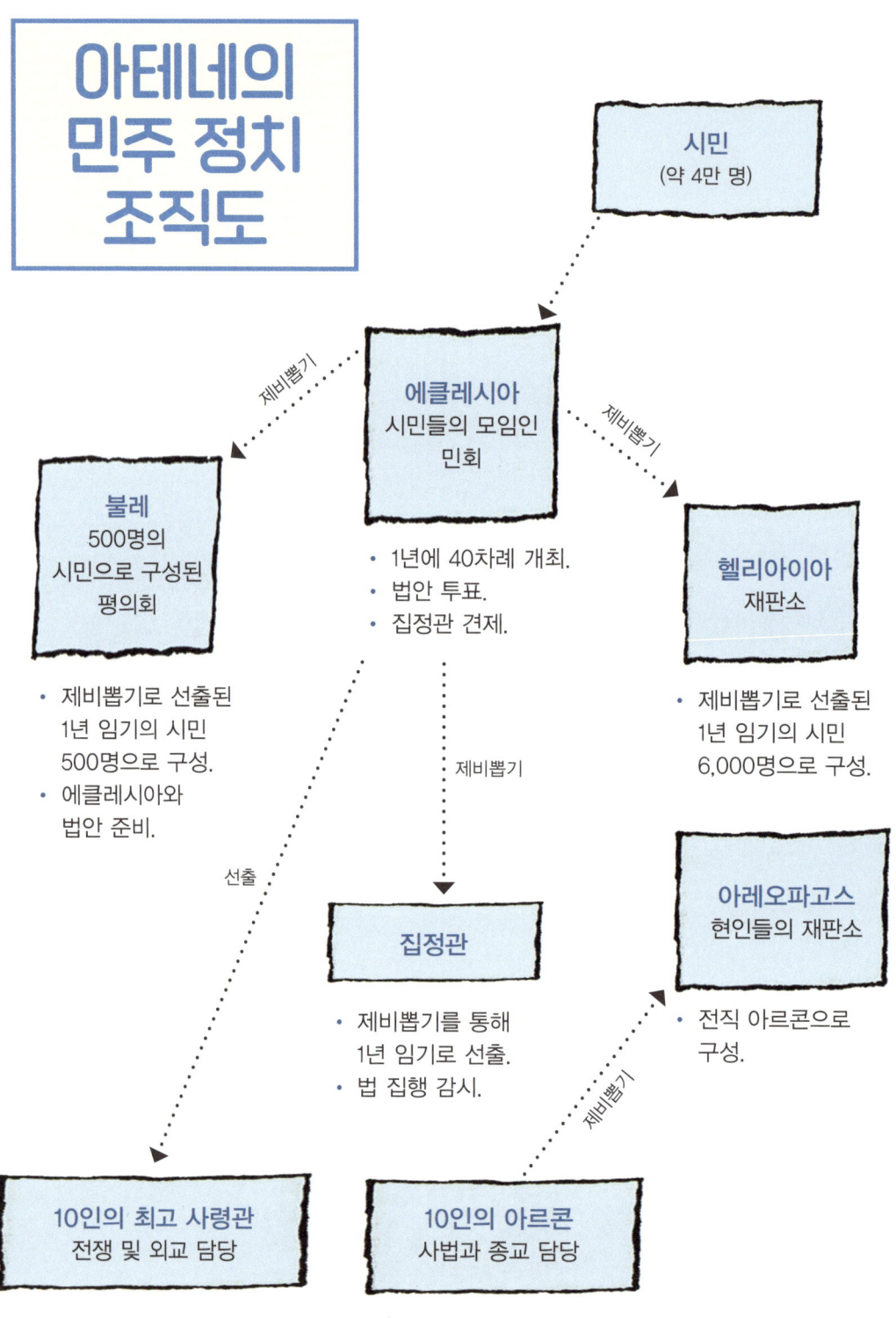

페리클레스 이전에는 아테네 출신의 아버지에게 태어난 18세 이상의 노예가 아닌 남성이 시민의 자격을 가졌어요. 페리클레스 이후에는 부모 모두가 아테네 출신이어야 했어요.

아테네 여성과 시민권

여성은 에클레시아 등 정치 기구에 참여하지 못했어요. 하지만 여성이 소외되지 않았다고 주장하는 역사가들도 있어요. 그리스어에 '시민의 참여'를 뜻하는 '폴리티스(politis)'라는 단어가 있었다고 말이에요. 실제로 페리클레스는 여성이 시민권을 자녀에게 물려줄 수 있도록 했지요.

또 아테네 여성은 남성처럼 묘비명을 쓸 수 있었어요. 따라서 남성과는 다르지만 중요한 역할을 했다고 볼 수 있지요. 특히 종교에서 여성의 역할이 컸어요.

아테네 도시 국가의 탄생 신화에서 무기를 든 아테나 여신은 바다의 신 포세이돈을 무찌르고 도시 국가를 보호했어요. 그래서 도시 국가의 이름도 아테네지요.

아테네의 이방인

지금도 그렇지만, 외국인들은 아테네 정치에서 배제되었어요. 하지만 시민들이 투표로 찬성하면 외국인도 아테네인이 될 수 있었어요.

아테네의 노예

노예 제도는 모든 고대 문명에 존재했어요. 노예는 시민권을 가질 수 없었어요. 민주주의 사회였던 아테네도 마찬가지였지요.
오늘날에는 노예 제도를 금지하고 있지만 당시에는 누구나 이를 당연하게 여겼어요. 유명한 철학자인 플라톤과 아리스토텔레스마저도요.

아테네 현장에서

이제 기원전 5세기로 가 볼까요? 아테네에 막 해가 떴어요. 이른 아침인데도 시민들은 도시 남서쪽에 있는 프닉스 언덕으로 발걸음을 재촉해요. 바로 에클레시아에 참석하기 위해서죠. 민회는 벽으로 둘러싸인 야외에서 열려요.

참가자

에클레시아에 많은 사람이 모였어요. 하지만 전체 시민 4만 명 중 민회에 매번 참석하는 사람은 6,000명 정도뿐이에요. 페리클레스 시대 이후 빈곤층이 민회에 참석하면 보상해 주지만, 멀리 살거나 일이 많아 바쁜 사람은 잘 참석하지 않아요. 에클레시아는 열흘에 한 번, 1년에 40여 차례 정도 열리니 그럴 만도 하지요.

신과 함께

에클레시아가 열리기 전에 참석자들은 돼지 한 마리를 제물로 바쳐요. 그런 다음 진행자가 나와 '민중을 속이려는 마음을 품은 자가 있다면 저주를 받을 것'이라고 경고하지요. 마지막으로 진행자가 이렇게 외쳐요.

"누가 발언하겠습니까?"

연설가

시민이라면 누구나 그날 주제와 관련한 법안을 제안할 수 있어요. 하지만 연단에 올라가 대중 연설을 하는 일은 쉽지 않아요. 마이크도 없고 긴장감에 목이 막히지요. 그래서 사람들은 자신을 대신해서 법안을 발표할 사람을 고용해요. 발언 시간은 정해져 있고 물시계(물병에 구멍을 내서 물이 흐르는 걸로 시간의 흐름을 확인하는 장치)로 시간을 재요. 물이 다 떨어지면 발언 시간도 끝나요.

주제

에클레시아는 이웃 도시 국가들과의 전쟁을 결정하고, 도시에 필요한 생필품을 주고, 집정관을 뽑고, 명절 행사를 조직하는 등 모든 주제를 다루어요. 불레가 다룰 주제는 미리 정하고, 민회가 열리기 나흘 전에 진행자가 발표해요. 진행자는 도시와 주변 지역에 소집일도 알려요.

거수투표

에클레시아는 하루 종일 열려요. 이틀에 걸쳐 진행될 때도 있고요. 회의는 해가 지기 전에 끝나요. 거기에는 이유가 있어요. 참석자들이 손을 들어 투표하는데, 어두우면 보이지 않거든요. 동전을 사용해서 투표하기도 해요. 회의에 참석한 사람만 투표할 수 있고, 참석하지 않은 사람은 대리 투표를 할 수 없어요. 통과된 법은 아테네의 가장 큰 광장인 아고라에 게시하고, 모두에게 적용해요.

독재자는 가라!

민주주의를 수호하기 위해 집정관들은 에클레시아에 행정 보고를 해야 해요. 보고가 끝나면 참석자들이 집정관에 대한 신임 투표를 하지요. 불신임당한 집정관은 파면*하고 기소해요. 소송으로 그의 운명이 정해지지요. 개인적으로 권력을 휘두르려고 했다면 10년 동안 도시 국가에서 추방해요. 추방 투표를 할 때 집정관의 이름을 도자기 조각(도편(陶片))에 새겨요. 그래서 이 제도를 '도편추방제'라고 해요.

파면 잘못을 저지른 사람에게 직무나 직업을 그만두게 하는 걸 말해요.

공격받은 민주주의

아테네의 민주주의는 권력을 귀족의 손에서 민중에게 넘겨주었어요. 하지만 내부와 외부에서 늘 적을 만나야 했지요.

아테네 대 스파르타

고대 그리스의 가장 큰 도시 국가였던 아테네와 스파르타는 서로 경쟁했어요. 아테네는 민주제를, 스파르타는 귀족제를 선택했지요.

페르시아 전쟁(기원전 500년~479년)에서 승리한 아테네는 에게해를 점령했고, 다른 도시 국가들에 복종을 요구했어요.

기원전 431년, 스파르타를 비롯하여 펠로폰네소스반도의 여러 도시 국가가 아테네에 선전 포고를 하고 쳐들어왔지요. 펠로폰네소스 전쟁은 기원전 404년에 아테네의 패배로 끝났어요. 전쟁

에서 이긴 스파르타는 아테네의 민주제를 금지했어요.

쿠데타

펠로폰네소스 전쟁 당시 일부 아테네인이 민주제를 귀족제로 바꾸려고 시도했어요. 기원전 411년과 기원전 404년에 있었던 사건이지요. 두 번째로 귀족제를 주도한 세력은 크리아티스와 그가 이끈 서른 명의 참주*였어요. 크리아티스는 소크라테스의 제자이자 플라톤의 친척이었지요. 이들은 스파르타 사람들의 지지를 받았어요.

'서른 명의 독재자'라는 별명을 얻은 참주들은 참정권*을 가진 시민을 300명으로 크게 줄였어요. 주로 재산이 많은 남성이 정치에 참여할 수 있는 권리를 얻었지요. 에클레시아와 헬리아이아도 폐지했어요. 그러나 참주들은 스파르타인들이 아테네를 떠나자마자 쫓겨났고 이후 아테네에서는 민주제가 부활했어요.

참주 고대 그리스에서 혈통과 관계없이 실력에 따라 군주의 자리를 빼앗고 신분을 뛰어넘어 군주가 되는 사람을 말해요.
참정권 국민이 정치에 직접 또는 간접으로 참여하는 권리를 말해요.

민주제를 반대한 철학자들

그리스의 가장 유명한 철학자 소크라테스, 플라톤, 아리스토텔레스는 아테네가 민주제였던 시절의 인물이에요. 소크라테스와 플라톤은 아테네 시민이었고 민주주의를 직접 경험했지요. 하지만 그 경험을 좋아하지 않았어요. 왜 그랬을까요?

소크라테스 (기원전 470년~399년)

소크라테스는 '철학의 아버지'로 불릴 정도로 유명해요. 그는 아테네 길거리를 돌아다니면서 사람들과 대화하며 인생의 의미를 물었어요. 소크라테스가 쓴 책은 없지만 플라톤 같은 제자들이 쓴 글을 통해 그에 대해 알 수 있어요.

기원전 399년, 소크라테스는 아테네 시민들에게 사형을 선고 받았어요. '국가가 섬기는 신들을 인정하지 않고… 새로운 신들을 받아들여… 청년들을 부패하게 만든' 죄로 재판을 받았지요.

소크라테스가 부당하게 재판 받는다고 생각하는 사람들도 있었어요. 아테네 사람들은 소크라테스가 왜 민주주의를 비판했는지 잘 알았어요. 그의 제자 중 몇 명은 참주였지요.

소크라테스는 왜 민주주의를 비판했을까요?

소크라테스는 우중 정치가 민주주의를 가장 크게 위협한다고 했어요. 우중 정치란 표를 더 많이 받으려고 민중의 환심을 사려는 거예요. 당시는 '소피스트'가 활동하던 시대였어요. 말로 사람들을 설득하는 일을 전문적으로 하는 사람이었지요. 청중을 설득하려고 논리적으로 탄탄한 논법*을 내세웠지만 사실은 거짓된 내용을 전했어요.

소피스트들이 내세웠던 궤변의 예를 들어볼까요? "모든 고양이는 죽는다. 소크라테스는 죽는다. 따라서 소크라테스는 고양이다."

플라톤 (기원전 429년~348년)

플라톤은 소크라테스가 사형당하자 충격을 받고 민주주의를 혐오했어요. 그는 민주주의야 말로 '무지의 독재'라고 했지요. '서른 명의 독재자'들이 벌인 야만적인 행위에 치를 떤 플라톤은 정치에서 멀어졌어요. 그가 꿈꿨던 이상적인 국가는 공동의 선을

논법 말이나 생각을 논리적으로 전개해 나가는 방법을 말해요.

추구해야 했어요. 그런 국가는 왕이 철학자이거나 철학자가 왕이 되는 곳이어야만 나타날 수 있지요. 따라서 교육받은 소수의 엘리트가 모두의 선을 위해 국가를 다스려야 한다고 주장했어요.

동굴 신화

플라톤은 자신의 관점을 설명하려고 동굴 이야기를 만들었어요. 동굴에 사는 사람들은 동굴 벽에 비친 자신들의 커다란 그림자만 보고 외부 세계를 인식한다는 거예요. 햇빛에 눈이 부시더라도 두려움을 극복하고 동굴 밖으로 나오는 사람만이 진실과 선에 다다를 수 있지요. 플라톤은 그런 용기 있는 사람이 몇 되지 않는다고 했어요. 나머지 사람들은 동굴에 남아 계속해서 현실을 왜곡된 관점으로 바라본다고 했지요.

아틀란티스 신화

아틀란티스도 플라톤이 지어낸 신화예요. 아테네를 닮은 섬 아틀란티스에는 선한 신들이 살았어요. 그런데 시간이 갈수록 무질서, 문란, 선동, 경쟁심이 이곳을 지배했어요. 결국 아틀란티스는 패망하여 바다에 가라앉고 말았어요.

아리스토텔레스 (기원전 384년~322년)

아리스토텔레스는 열여덟 살에 아테네로 와서 플라톤이 가장 아끼는 제자가 되었어요. 그는 마케도니아의 왕 필리포스 2세의 아들도 가르쳤지요. 이 사람이 바로 훗날 알렉산드로스 대왕이 됩니다. 알렉산드로스 대왕은 아테네의 민주제를 끝내지요.

아리스토텔레스는 민주주의 때문에 시민이 부자의 재산을 빼앗을 수 있다고 주장했어요. 이런 행위는 부당하다고 생각했지요. 과두제*도 좋지 않게 생각하기는 마찬가지였어요. 부자들이 자신들의 이익에 따라 지배할 수 있는 권력을 주기 때문이지요.

아리스토텔레스의 이상적 국가는 플라톤의 이상적 국가보다

과두제 자산, 군사력, 정치적 영향력 등을 지닌 소수의 사회 구성원에게 권력이 집중된 정부 형태를 말해요.

더 현실적이었어요. 그는 불평등은 모두를 번영하게 하므로 본질적으로 좋지만, 제한해야 한다고 주장했지요.

그런데 민주주의에도 큰 장점이 있다고 했어요. 시민들이 돌아가며 지배자와 피지배자가 되어 부패를 막을 수 있다는 점이었지요.

민주주의의 종말

아테네가 안팎의 적들과 싸우고 있을 때 마케도니아의 필리포스 2세는 그리스를 조금씩 정복해 나갔어요. 아테네를 비롯한 모든 도시 국가가 굴복하고 말았지요. 기원전 338년 카이로네이아 전투에서 패배하면서 그리스 도시 국가들의 정치적 독립은 막을 내렸어요. 알렉산드로스 대왕이 죽고, 기원전 322년에 아테네의 민주제도 완전히 끝나 버렸지요.

그때까지 민주제는 약 200년 동안 지속되었어요.

고대 그리스 역사가인 모지스 핀리는 아테네가 그리스 도시 국가 중 "가장 번영하고 강력하며 안정적이고 평화로운 내정을 유지하면서 문화적으로 가장 발달한 도시 국가"가 될 수 있었던 건 민주주의 덕분이라고 평가했어요.

그 시각 로마에서는

로마에서는 고대 그리스의 도시 국가처럼 왕과 귀족들이 권력을 놓고 다투었어요. 왕은 귀족을 견제하기 위해 민중에게 더 많은 권리를 주며 기댔어요. 기원전 509년, 귀족은 왕을 독재자라 부르며 쫓아내고 공화국을 세웠어요.

로마인의 해법, 공화정

'공화정'은 '정치적인 것'을 뜻하는 라틴어 '레스 푸블리카(res publica)'에서 왔어요. 로마의 귀족들은 왕을 몰아내고 공화제를 세웠지만, 민중은 몰아내지 못했지요. 민중은 정치적 권리를 요구했고, 결정에 참여하며 집정관을 직접 고르고 싶어 했어요.

공화제 복수의 주권자가 통치하는 정치 체제로, 정치에 참여하는 대표자는 국민의 투표로 선출돼요.

로마의 시민

로마에서는 아버지가 로마 출신이고, 노예가 아닌 모든 성인 남성을 로마 시민으로 인정했어요. 시민은 선거권, 피선거권, 결혼하고 재산을 소유하는 등의 권리뿐 아니라 병역의 의무, 전쟁에 나가고 세금을 낼 의무 등도 있었어요.

여성은 노예나 외국인과 마찬가지로 투표하지 못했어요. 외국인은 일정 조건(로마 군대에서 25년 이상 복역하기 등)을 충족하면 시민권을 얻을 수 있었어요.

시민의 참여

로마 공화정에서 시민은 법안에 투표하고 집정관을 뽑았어요. 그리스의 도시 국가처럼, 로마도 집정관 대부분이 해마다 선거를 통해 바뀌었어요. 이 말은 해마다 선거가 있었다는 뜻이지요. 로마인들은 오늘날의 우리보다 훨씬 더 자주 투표했어요.

정기 총회, 코미티아

로마 시민의 총회인 코미티아는 캄푸스 마르티우스의 포룸*에서 열렸어요. 투표와 선거는 엄격한 절차에 따라 이루어졌어요. 새의 움직임을 보고 신의 뜻을 헤아렸고, 시민들이 모이면 법안을 낭독한 뒤 그룹을 나누어 찬반 투표를 했어요.

비례적 평등

로마 시민은 재산과 거주지에 따라 서로 다른 총회에 참석했어요. 재산이 많은 사람의 표가 더 중요했지요.

집정관은 재산이 많을수록 유리했어요. 후보들이 시민들의 선거권을 돈으로 샀거든요. 부패도 만연했던 거예요. 집정관에게는 민중의 지지도 꼭 필요했어요. 그렇지 않으면 폭동이 일어나고 내전으로 목숨이 위태로워지니까요.

모든 것은 어떻게 끝났을까요?

율리우스 카이사르라는 유명한 세습 귀족은 민중의 힘을 빌려 모든 권력을 차지하려고 했어요. 그러다가 원로원* 의원들에게 암살당했지요. 이것이 로마 공화정의 최후이자 로마 제국의 시작이었어요. 또다시 한 사람이 모든 권력을 잡았어요. 그는 바로 카이사르의 조카이자 양자였던 옥타비아누스였어요. 그는 기원전 27년에 로마 제국의 아우구스투스 황제가 되었지요.

포룸 로마 제국 시대에 있던 공공 복합 장소로, 주로 도시 중심에 위치했어요.
원로원 로마 공화정 시대의 입법과 전문가의 의견을 구하는 기관이에요.

켈트족의 민중 회의

켈트족의 왕과 귀족들도 권력을 두고 다투었어요. 이 싸움에는 민중도 영향력을 발휘했어요. 고고학자들이 담장이 둘린 넓은 땅을 발견했는데, 이 유적은 켈트족이 대규모 민중 집회를 열었다는 것을 보여 줘요. 그때도 권력을 유지하는 데 민중의 지지가 중요했음을 증명하지요.

두 개의 정치 체제

로마가 지배하기 이전인 기원전 51년, 갈리아˙에서는 왕이 세노네스족이나 카르누테스족 같은 부족을 다스렸어요. 그러다가 하이두이족처럼 귀족이 다스리는 경우가 점점 더 많아졌어요. **군대의 우두머리가 행정가, 즉 집정관을 겸했지요.**

갈리아 로마 제국이 프랑스를 가리키던 말로 프랑스, 벨기에, 룩셈부르크를 포함한 영토를 가리켰어요.

1년 임기의 집정관

집정관의 임기는 1년이었어요. 민중의 호의를 얻어 집정관으로 뽑히려면 가문이 부유해야 하고 웅변술을 갖춘 위대한 전사여야 했어요. 최고 집정관은 집정관 중에서 선출되었고 임기는 역시 1년이었어요.

귀족들의 선거

켈트족과 마찬가지로 갈리아족에 대해서도 남아 있는 역사적 증거가 없어요. 당시 로마인과 그리스인이 남긴 글을 통해 갈리아족에 대해 알 수 있었지요. 카이사르도 최고 집정관 선거에 대해 말한 적이 있어요.

드루이드들의 선거

카이사르는 성직자이자 사법과 행정을 맡은 드루이드들이 해마다 큰 모임을 가졌다고 말했어요. 이들은 자기들 중에서 우두머리를 뽑았지요. 뛰어난 사람을 뽑기도 했고 무기가 많은 사람

을 뽑기도 했어요. 투표로 뽑기도 했고요. 드루이드들은 만장일치여야 선거 결과를 확정 지었어요.

넓은 공공장소

갈리아족은 공공의 일을 논의하는 모임을 위해 그리스의 아고라, 로마의 포럼 같은 장소를 마련했어요. 최근에 프랑스 오베르뉴 지방의 코랑에서 기원전 1세기와 2세기에 엘리트 계층이 모였을 것으로 보이는 반원형의 공간이 발견되었지요.

중세에도 투표를 했어요!

중세에는 지역 단위에서 민주주의의 형태가 살아남았어요. 마을과 도시의 주민 모임, 여러 직능• 단체들이 결정 과정에 투표로 참여했지요.

밀푀유를 닮은 중세의 신분 제도

중세의 신분 제도를 빵에 비유한다면 아마 밀푀유•가 가장 적당할 거예요. 맨 위층이 왕이고, 중간은 영주, 밑바닥은 민중이지요. 크게 세 개로 나뉜 층 사이사이에는 더 얇은 층이 수없이 들어 있어요. 이 층은 일상생활에 존재하는 다양한 규칙과 관례, 관습을 뜻해요.

직능 경영체가 그 목적을 달성하기 위해 빼놓을 수 없는 일을 말해요. 직능 단체는 변호사 단체처럼 같은 직업을 가진 사람들의 모임이에요.
밀푀유 여러 겹 층이 나뉜 프랑스식 파이예요.

예를 들어 왕이나 영주가 어떤 장소에 도시를 세우고 싶다면, 주민들의 동의를 얻으려고 그들이 누릴 수 있는 권리를 기록한 헌장*을 만들어요. 도시마다 주어진 권리는 다 달랐지요. 13세기에 프랑스의 에그모르트 지역이 여기에 해당했어요. 가르 지방의 남쪽 끝에 있는 이곳에, 루이 9세는 지중해에 접근하기 위한 항구를 만들기로 했어요. 습지에 성벽을 세워서 도시를 조성하는 대공사를 시작했지요. 그는 주민들을 이곳에 이주시키려고 세금과 통행료 면제, 왕의 보호, 병역 면제 등 대단한 특권을 주겠다는 헌장을 발표했어요.

시골 주민들은 단체를 만들어 영주와 협상했어요. 강제 노동, 토지세 납부, 병역 의무 등 여러 가지 제약이나 의무를 없애는 대신 돈을 내겠다고 했지요. 그렇게 해서 서로 지켜야 하는 의무와 권리, 특권을 정한 헌장이 채택되었어요.

마을과 도시는 공동의 재산을 운영할 수 있는 권리가 있었어요. 유럽 전역에 여러 공동체가 있었지만 장소에 따라 차이가 컸지요.

헌장 헌법의 규칙을 적은 글이에요.

전형적인 마을 공동체

역사가들은 프랑스 왕국에 전형적인 마을 공동체가 있었을 거라고 설명해요. 이 공동체는 수십 가족으로 이루어져 있었지요. 구성원들은 밭, 숲, 포도밭, 저수지, 건물, 방앗간, 빨래터, 가마, 건조장, 대장간, 우물, 곳간을 공동으로 소유했어요.

공동체의 집회

공동체는 공동 재산을 관리하기 위해 해마다 열 번 정도 모였어요. 성별과 관계없이 모두가 참여했지요.

성당에서 모임 장소로

모임은 주로 미사가 끝나는 즉시 열렸어요. 마을 주민이 모두 미사를 드리니 편리했거든요. 관리자나 사제가 모임 며칠 전에 일정을 알렸어요. 벽에 전단을 붙이는 대신 종을 치기도 했지요. 중요한 결정을 내려야 할 때는 집마다 찾아가기도 했고요. 전체 가정 중 3분의 2가 참여해야 결정 사항이 인정되었거든요.

참나무 그늘에서

사람들은 밭이나 커다란 참나무가 있는 마을 광장, 또는 학교 역할도 했던 성당, 극장, 나무나 곡식을 쌓아 놓는 창고에서 모였어요. 모임은 공동체 관리자나 사제 또는 다른 마을에서 온 사람이 이끌었어요. 이들은 안건을 발표하고 회의 내용을 보고서로 작성하는 역할도 맡았지요.

거수 또는 공

선거권이 없더라도 참석자라면 누구나 의사를 표시할 수 있었어요. 선거권을 가지려면 25세 이상이어야 하고 적어도 1년 이상 해당 지역에 살아야 했지요. 또 집, 땅, 가축이 있어야 했어요. 여성은 남편이 집을 비우거나 죽으면 투표할 수 있었어요. 일부 독신 여성에게는 예외적으로 투표를 허용하기도 했어요. 예를 들어 상점 주인인 여성은 투표할 수 있었지요. 남자가 투표하든 여자가 투표하든 각 가정은 선거권이 하나였어요. 손을 들어 투표하기도 했고 남이 알아챌 수 없도록 검은 공과 흰 공을 이용해 투표하기도 했어요.

결정 사항

공동체 사람들은 농사일, 수확물의 분배와 판매, 다리나 빨래터 보수, 공동체 관리자와 교사 또는 산림 관리자 선출, 수입과 지출 관리 등을 결정해야 했어요. 1379년, 샤를 5세*는 왕에게 내야 하는 세금을 징수할 사람과 각 가정이 내야 할 금액도 공동체가 정하게 했어요. 결국 주민들은 사이가 벌어질 수밖에 없었어요.

샤를 5세 프랑스 발루아 왕가 제3대 국왕으로 학문과 예술을 보호하고 건축을 진흥하는 등 프랑스의 번영과 발전에 이바지한 현명한 왕으로 꼽혀요.

대표자도 뽑아요

프랑스의 도시와 시골 공동체에서는 선거구•를 대표해 투표할 사람도 뽑았어요. 이 대리인들이 삼부회에서 제3신분(성직자와 귀족을 제외한 나머지 프랑스 국민)을 대표할 의원들을 선출했지요.

삼부회는 인구의 3퍼센트밖에 차지하지 않는 성직자와 귀족, 그리고 나머지 평민인 제3신분을 대표하는 사람들이 모이는 회의였어요.

선거구 사법 및 행정 관할 구역으로, 의원을 선출하는 단위 구역을 말해요.

1302년부터 프랑스 왕들은 위기를 해결하기 위해 삼부회를 소집했어요. 왕은 새로운 세금을 만들기 전에 백성들의 동의를 구했지요.

삼부회는 해당 선거구 주민들의 청원서˙를 가졌기 때문에 절대적 권한이 있었지만 자신의 이름으로 발언할 권리는 없었어요. 1789년 6월 17일, 삼부회 의원들은 입법 의회˙를 구성했어요. 그럴 권한이 없었는데도 말이에요. 그렇게 군주제는 끝이 났지요. 삼부회는 1614년부터 1789년까지 오랫동안 소집되지 않았어요. 187년 동안 30차례 소집되었다가 1789년에 사라졌지요.

청원서 국민이 국가에 대한 불만 또는 희망 사항을 적은 종이를 말해요.
입법 의회 프랑스 혁명 중 있었던 의회로, 프랑스 최초의 입헌 군주제 정권하에 있었던 의회예요.

혁명이 낳은 전환점

17세기 영국, 18세기 미국과 프랑스에서 일어난 혁명은 중요한 전환점이 되었어요. 각국을 대표하는 정치 체제가 자리 잡았기 때문이에요. 영국에서는 입헌 군주제˚가, 미국과 프랑스에서는 공화제가 탄생했지요. 그렇다면 민주주의는 어떻게 되었을까요?

프랑스와 미국 혁명가들의 직업

혁명가 대부분은 변호사와 법률가였어요. 이미 정부 기관(프랑스에서는 의회와 법원, 미국에서는 식민지의회˚)에 자리 잡은 인물들이었지요. 프랑스의 혁명가들은 1789년 삼부회에서 제3신분을 대표하던 사람들이었어요. 하지만 그들 중 농민은 한 명도 없었어요. 당시 프랑스 인구 중 90퍼센트가 농민이었는데 말이에요.

입헌 군주제 헌법 체계 아래서 세습되거나 선임된 군주를 인정하는 정부 형태 또는 정치 체제를 말해요.
식민지의회 17~18세기 북아메리카의 영국 식민지 13개 주에서 시작된 제도로, 독립운동의 기운이 높아지자 공화제를 수립하고 13개 식민지의회에서 주의회로 전환됐어요.

기준이 된 로마 공화정

혁명가들은 플라톤, 아리스토텔레스, 키케로 등 고대 그리스 철학자들을 알게 되었어요. 이 철학자들은 아테네의 민주주의를 싫어했었지요. 그래서 18세기 혁명가들도 로마 공화정이 더 나은 체제라고 생각했어요. 게다가 '공화정'이라는 말도 그리스어가 아닌 라틴어 '레스 푸블리카'에서 왔으니까요. 공화정에서 국가는 자국 영토에 사는 모든 개인을 대표해요.

프랑스, 그리고 특히 미국의 공화제는 로마 공화정을 기준으로 삼았어요. 요즘은 '상원'으로 통하는 '원로원(senate)'이라는 옛

이름을 그대로 가져왔지요.

미국 국회의사당은 상원 회의장이 북쪽 건물에, 하원 회의장이 남쪽 건물에 있어요. 이 건물을 '캐피톨'이라고 부르는데, 고대 로마의 종교 중심지를 가리키던 말이었어요. 미국의 상징인 독수리 또한, 로마 군대의 상징이었지요.

공화제와 민주주의의 차이점

민주제에서는 모든 시민이 직접 법안에 투표해요. 하지만 공화제에서는 시민이 법안을 결정할 대리자를 선출해요. 그래서

'대의 민주주의'라고 해요. 직접 참여에서 간접 참여로 바뀐 것이지요.

혁명 속 시민들

대부분의 혁명가가 보통 선거*에 반대했어요. 교육을 받고 재산이 충분한 사람만 투표해야 한다고 생각했지요. 프랑스에서는 민중의 요구에 못 이겨 남성 시민 모두에게도 선거권을 주었지만 금세 폐지되었어요(1792년). 보통 선거는 재산 제한 선거로 바뀌어서 재산이 많은 상류층(세금을 낸 사람)만 투표할 수 있었어요. 시민은 선거권이 있는 시민과 없는 시민으로 나뉘었지요. 이런 제도는 '간접 선거제'예요. 선거권을 가진 시민들이 재산이 더 많은 사람을 후보로 하여 2차 선거인을 뽑고, 이 선거인들이 입법 의회의 의원들을 뽑았어요. 고대 로마 시절보다 더 퇴보한 제도였지요. 게다가 여성은 투표에서 아예 제외했어요.

보통 선거 선거인의 자격에 재산·신분·성별·교육 정도 따위로 제한을 두지 않고 성년이 되면 누구에게나 선거권을 주는 선거를 말해요.

선거권을 향한 긴 싸움

선거권이 없던 평민 남성과 여성은 보통 선거를 요구하며 시위, 폭동, 혁명을 일으켰어요. 결국 무력으로 선거권을 얻어 냈지요. 이때부터 보통 선거가 널리 퍼지며 민주주의도 자리 잡았어요.

프랑스 민주주의에 중요한 해

1791년: 세금을 내는 남성(최상류층)만 투표할 수 있었어요.

1792년: 남성만 투표할 수 있는 보통 선거제가 도입되었지만, 분위기가 뒤숭숭한 혁명기여서 의원 선거에 투표하는 시민은 아주 적었어요.

1795년: 재산 제한 선거가 부활했어요.

 1830년: '영광의 3일'이라고 불리는 7월 혁명*이 끝나고 선거권을 갖기 위해 내야 하는 세금이 3분의 1로 줄었어요. 선거 연령도 30세에서 25세로 낮아졌어요.

1848년: 보통 선거가 시작되었지만, 21세 이상의 남성만 투표할 수 있었어요.

 1944년: 여성들이 드디어 선거권을 얻었어요.

7월 혁명 1830년 7월 프랑스에서 일어난 부르주아 혁명이에요. 이후 공화제가 주변 국가로 퍼졌어요.

미국 민주주의에 중요한 해

1792년: 뉴햄프셔주가 최초로 백인 남성을 상대로 보통 선거제를 도입했어요.

1856년: 노스캐롤라이나주가 마지막으로 백인 남성을 상대로 보통 선거제를 도입했어요.

1869년: 와이오밍주가 여성에게 최초로 선거권을 주었어요.

1920년: 모든 주가 여성에게 선거권을 주는 미국 헌법 제19조를 채택했어요.

1965년: 소수 인종과 민족에게 선거권을 주었어요.

영국 민주주의에 중요한 해

1918년: 세금을 내는 21세 이상 남성과 31세 이상 여성에게 선거권을 주었어요.

1928년: 21세 이상의 모든 여성에게 선거권을 주었어요.

우리나라 민주주의에 중요한 해

1948년: 국회 의원이 대통령을 뽑는 간접 선거제를 도입했어요.

1952년: 한국 전쟁 중, 당시 대통령이었던 이승만은 대통령을 국민이 직접 뽑는 직접 선거제로 헌법을 바꾸도록 했어요.

1954년: 초대 대통령은 대통령을 여러 번 할 수 있도록 헌법을 바꾸었어요.

1960년: 우리나라 역사상 유일한 양원제로 구성된 의원 내각제를 도입했어요. 대통령은 간접 선거제로 뽑았지요.

1969년: 당시 대통령이었던 박정희는 대통령을 세 번까지 할 수 있도록 '3선 개헌'을 했어요.

1987년: 국민들이 직선제 개헌 운동을 벌였어요. 대통령 직선제 등을 규정한 민주헌법이 마련되어 국민 투표에서 통과되었어요.

참정권을 주장한 여성들

여성들이 혁명에 참여하고 남성과 같은 선거권을 요구하기 시작했어요. 이런 활동은 19세기부터 20세기 초반까지 늘어났지요.

프랑스 혁명에서 활약한 평민 여성들

제3신분의 여성들은 1789년부터 삼부회 의원 선거에 참여했어요. 여성들은 서로 모여 자신들의 상황에 대해 의견을 나누기 시작했고, 모든 분야에서 매우 활발히 활동했지요. 그러나 1791년, 입법 의회는 세금을 내는 남성만 투표할 수 있는 선거 제도를 도입했어요. 그래도 여성들은 계속해서 힘을 모았어요.

나폴레옹 시대의 여성 차별

1804년 3월 21일에 나폴레옹이 공표˙한 프랑스 민법은 여성이 아버지와 남편에게 복종해야 한다고 강요했어요. 여성을 어른으로 존중하지 않은 거예요. 이러한 상황이 100년 이상 지속되었어요.

20세기 초의 전환기

여성들은 보통 선거를 요구하며 평등한 권리를 얻기 위해 세계 곳곳에서 시위를 벌였어요.
여성에게 선거권을 최초로 부여한 국가들은 두 그룹으로 나뉘어요.

공표 여러 사람에게 널리 드러내어 알리는 걸 말해요.

- 앵글로·색슨계 국가: 뉴질랜드(1893년), 오스트레일리아(1901년), 캐나다(1918년), 미국(1920년), 영국(1918년, 1928년)
- 북유럽 국가: 핀란드(1906년), 노르웨이(1913년), 스웨덴(1919년)

프랑스 여성들은 더 기다려야 했어요

프랑스 여성들은 1944년이 되어서야 선거권을 얻었고, 1945년에 최초로 투표했어요. 남성(1848년)보다 100년이나 더 늦은 때였지요. 공화제를 지지하는 의원들의 반대 때문이었어요. 이들은 여성이 교회의 영향을 받아 자신들의 정적*인 가톨릭계 의원에게 투표할까 우려했던 거예요.

우리나라의 경우 1948년 대한민국 정부가 수립되면서 성별과 상관없이 참정권이 보장됐어요.

정적 정치에서 대립되는 처지에 있는 사람을 말해요.

반대에 부딪힌 대의 민주주의

프랑스, 미국, 독일, 에스파냐를 비롯한 많은 국가가 폭동, 혁명, 내전 같은 폭력적인 반발과 체제 전복 시도에 부딪혔어요. 이 국가들은 결국 대의 민주주의 제도를 도입했지요.

프랑스

19세기 초에 공화제는 결국 끝났어요. 황제와 왕이 권력을 되찾았지요.

1792년~1804년: 제1공화국

1804년~1814년: 제1제국(나폴레옹 보나파르트 황제)

1814년~1830년: 왕정복고*(루이 18세와 샤를 10세)

왕정복고 혁명 등으로 폐지되었던, 왕이 다스리는 정치(왕정)로 다시 돌아가는 일을 말해요.

1830년~1848년: 7월 혁명(루이 필리프 1세)

1852년: 제2제국(나폴레옹의 조카였던 나폴레옹 3세)

제3공화정과 파리코뮌

1870년 9월, 프랑스는 프로이센이 이끄는 연합군에 맞서 전쟁을 벌이고 있었어요. 스당 전투에서 프랑스 군대가 패배했고 나폴레옹 3세는 포로가 되었지요. 그러자 파리에서 레옹 강베타라는 정치인이 공화정을 선포했어요. 1871년 1월, 프랑스는 프로이센과 종전 조약을 맺었고 이후 선거를 치렀어요. 새로 들어선 정부와 의회는 직접 민주주의를 요구하는 파리 시민의 저항에 부딪혔어요. 하지만 1871년 5월, '피의 주간'이라 불리는 일주일 동안 파리코뮌이라고 불리던 시민 봉기는 진압되고 말았어요. 제3공화국은 1940년까지 지속되었어요.

제3공화국의 끝

1940년 5월, 제2차 세계대전이 시작되자 독일군은 벨기에를 거쳐 프랑스로 밀어닥쳤어요. 6월 14일에는 파리를 차지했지요.

프랑스 의회는 오베르뉴 지방에 있는 비시로 피했고, 제1차 세계대전에서 활약했던 페탱 장군에게 전권을 주었어요. 필리프 페탱은 자신이 '프랑스 국가수반*'이라고 밝히고 독재 정권을 세웠어요.

전쟁이 끝난 뒤에는 다시 공화정을 세웠어요. 프랑스의 제4공화국은 1946년~1958년, 제5공화국은 1958년부터 현재까지 지속되고 있어요.

미국의 남북전쟁 (1861년~1865년)

영국을 상대로 한 독립 전쟁에서 함께 싸웠던 미국의 주들은 헌법을 만드는 문제로 분열하기 시작했어요(1787년). 헌법에 '주들의 연합'보다 연방국*을 위에 있는 개념으로 보기 때문이에요.

국가수반 국가의 최고 지도자이자 자국을 대표하는 주체인 국가 원수를 이르는 말이에요.
연방국 자치권을 가진 다수의 나라가 공통의 정치 이념 아래에서 연합하여 구성하는 국가를 말해요.

남북의 대결

미국 북부와 남부는 경제적 이해가 매우 달랐어요. 정부와 기관들이 있는 북부 도시는 더 발달했고, 국내에 공산품을 판매하여 부를 축적했으며, 수입품에 관세를 매겨 자국 산업을 보호(보호주의)했어요. 또 값싼 노동력(유럽에서 온 이민 노동자)을 보유해서 필요 없어진 노예제를 폐지하려고 했어요.

농업이 더 발달한 남부는 반대로 유럽과 교역을 했어요. 농산물, 특히 면화를 많이 수출했지요. 무역을 방해한다며 관세는 거부했어요. 또 밭에서 일할 노동자가 많이 필요했기 때문에 노예제 폐지를 반대했어요. 1860년 말, 북부 파였던 에이브러햄 링컨이 대통령으로 당선되자 미국 남부의 주들은 연방에서 독립하려는 움직임을 보이며 남부 연합을 결성했어요.

참혹한 내전

5년 동안(1861년~1865년) 벌어진 남북전쟁에서 목숨을 잃은 군인만 60만 명 정도였고, 민간인 희생자도 많았어요. 남부가 패배하자 북부는 자신들의 정치, 경제 모델을 강요했지요. 노예제는 폐지되었고 연방 정부는 힘이 강해졌어요.

그 외의 곳에서는……

여러 유럽 국가에서 1920년대와 1930년대에 대의 민주주의가 붕괴됐다가 제2차 세계대전이 끝난 뒤에 점차 부활했어요.

이탈리아에서는 1922년 파시스트˙ 베니토 무솔리니가 이끄는 '검은 셔츠단'이 로마로 진군한 뒤 의회가 해체되었어요.

1930년대, 독일의 바이마르 공화국은 나치˙ 세력에 밀려났어요.

에스파냐 공화국은 프랑코 장군(1936년~1975년)에 의해 전복˙되었어요.

우리나라의 민주주의

우리나라는 광복 이후 혼란을 거듭하다, 선거를 통해 초대 대통령을 선출하고(1948년), 정부를 수립하면서 민주주의의 역사가

파시스트 이탈리아의 무솔리니가 주장한 국수주의적·권위주의적·반공적인 정치적 주의 및 운동을 지지하는 사람을 말해요.
나치 히틀러를 당수로 한 독일의 파시스트당이에요. 반민주·반공산·반유대주의를 내세운 독일 민족 지상주의와 강력한 국가주의를 내세웠어요.
전복 사회 체제가 무너뜨리거나 정권을 뒤집어엎는 걸 말해요.

시작됐어요.

 1960년, 3·15 부정 선거*가 일어나자, 이를 규탄하는 시위가 곳곳에서 일어났고 우리나라 최초의 민주 혁명인 4·19 혁명으로 이어졌어요. 이에 따라 3·15 부정 선거는 무효가 되었고, 이승만 대통령은 물러났어요.

 1961년, 5·16 군사 정변*으로 박정희가 최고 권력을 잡았어요. 이후 개헌을 하고, 유신 체제를 선포하는 등의 방법으로 오랫동안 권력을 유지했어요.

 1979년 12월 12일, 전두환을 중심으로 한 군인 세력이 정권을 빼앗았어요. 1980년 봄부터 국민들은 군사 정권에 반대하여 시위를 벌였어요. 5월 18일, 광주에서는 비상 계엄령* 반대 시위에 참여한 국민을 계엄군이 무참히 진압했어요(5·18 민주화 운동).

 1987년 4월, 대통령을 간접 선거로 뽑겠다는 '호헌 선언'이 발표됐어요. 국민들은 이에 반대하여 6월부터 전국 곳곳에서 민주화 운동을 벌였어요(6월 민주 항쟁). 이후 국민의 손으로 직접 대통령을 선출할 수 있게 됐어요. 또 민주적 권리가 담긴 새 헌법도 만들어졌지요.

3·15 부정 선거 정·부통령 선거에서 당시 대통령이었던 이승만이 부정과 폭력으로 재집권을 시도한 사건을 말해요.
5·16 군사 정변 박정희를 중심으로 한 군인들이 일으킨 정권을 빼앗은 사건이에요.
계엄령 국가 비상시 발동할 수 있는 국가긴급권 중 하나로 헌법 일부의 효력을 일시 중지하고 군사권을 발동해 치안을 유지할 수 있게 하는 대통령의 고유 권한이에요.

오늘날의 보통 선거

선거권이 보장되어야 대의 민주제(공화제, 입헌 군주제, 의회제 등)는 실현돼요. 선거는 시민이 의견을 표시하는 중요한 수단이기 때문이에요.

누가 선거권을 가질까요?

선거인 명부에 등록한 모든 성인 남녀는 투표할 수 있어요. 현재 프랑스에서는 18세가 되면 투표할 수 있어요. 1998년 이후 유럽연합 회원국 출신의 외국인도 시의원 선거와 유럽의회 의원 선거에 투표할 수 있지요. 유럽연합 이외의 국가에서 온 외국인에게는 선거권이 없어요.

우리나라는 만 18세 이상의 대한민국 국적을 가진 국민에게 선거권이 있어요. 영주권을 취득한 지 3년이 지났고, 외국인 등록을 한 사람은 대한민국 국민이 아니더라도 지방 선거˙에서 투표할 수 있는 선거권을 부여해요.

시민의 의무, 투표

투표는 시민의 권리이자 의무예요. 오스트레일리아, 벨기에, 룩셈부르크, 그리스 등 일부 국가는 투표하지 않는 사람에게 벌금 등의 처벌을 내려요. 프랑스와 미국, 우리나라는 그렇지 않지만요.

투표 = 선거

대의 민주제 국가의 시민들은 법안 투표는 하지 않아요. 그 대신 그 일을 맡을 대리자를 뽑지요. 국회 의원이나 대통령말이에요.

지방 선거 지역 주민의 대표자인 지방의회 의원 및 지방자치단체의 장을 선출하기 위해 지방자치단체가 시행하는 선거를 말해요.

국민 투표

국민 투표는 국가가 특정 문제에 대해 국민의 의견을 묻는 방법이에요. '찬성' 또는 '반대'로 답하는 형식으로, 국민이 직접 투표하니 민주적인 절차라고 할 수 있지요. 1969년 프랑스의 드골 대통령이 한 법안을 국민 투표에 부쳤어요. 그런데 유권자의 절반 이상이 반대투표를 해 대통령은 결국 자리에서 물러났어요.

우리나라는 1954년 11월, 처음 국민 투표 제도가 도입되었어요. 대통령이 넘긴 안건이나 헌법 개정에 관한 사항을 국민 투표에 부칠 수 있지요.

프랑스의 공동 발의 국민 투표 (RIP)

최근 프랑스의 많은 시민이 특정 사안에 직접 투표할 수 있도록 하는 공동 발의 국민 투표 제도(RIP)를 시행하자고 했어요. 사실 RIP는 이미 존재하는 제도지만 시행하기는 몹시 어려워요. 이 국민 투표는 국민이 아니라 의회 의원들이 발의하기 때문이지요. 유권자들은 그다음 단계에서 개입할 수밖에 없고요. 이 제도는 전체 유권자 중 최소 10퍼센트(470만 명)가 투표해야 유효해요.

법안 투표

대의 민주제 국가에서는 시민 대표들이 법안에 투표하고 법을 이행해요. 독재를 막기 위해 '삼권 분립'이라는 대원칙을 지키지요.

삼권 분립 원칙

삼권 분립 원칙에 따르면, 법을 만드는 사람은 그 법을 적용하거나 그 법을 지키지 않은 자를 처벌할 수 없어요. 모두가 공평한 재판을 받으려면 판사가 행정부에서 완전히 독립해야 해요. 입법권(법을 만드는 권력), 사법권(법을 지키지 않는 자를 처벌하는 권력), 행정권(법을 적용하는 권력)은 이처럼 분리되어 서로를 견제해야 해요.

이 중요한 삼권 분립 원칙은 고대 그리스와 로마에서 이미 언급되었어요. 아리스토텔레스(기원전 384년~기원전 322년)와 키케로(기

원전 106년~기원전 43년)가 삼권 분립을 이야기했고, 존 로크(1632년 ~1704년)와 몽테스키외(1689년~1775년)가 발전시켰어요. 그리고 프랑스와 미국의 혁명가들이 채택했지요. 우리나라도 이 원칙을 지키고 있어요.

입법권

대의 민주제에서 입법권은 의회(국회)에 있어요. 일반적으로 의회는 상원과 하원으로 나뉘어요. 미국, 프랑스, 영국이 모두 이 경우에 해당해요.

상원은 하원을 견제하기 위해 만들어졌어요. 하원 의원들은 보통 선거로 뽑기 때문에 가장 민주적인 기구라고 할 수 있어요. 반면에 상원 의원들은 간접 투표로 뽑아요(미국에서는 1913년까지 그

랬어요). 영국의 상원은 귀족들로 구성되어요. 종신직인 상원 의원 후보를 총리가 추천하면 여왕이 임명해요. 일부 상원직은 여전히 자식에게 물려줄 수 있어요.

우리나라의 입법부인 국회는 상원, 하원으로 나뉘지 않은 단원제예요. 2024년 기준, 국회의원 수는 총 300명이지요.

삼권 분립이 뚜렷하지 않은 프랑스

현재 프랑스에는 세 개의 권력이 분명히 존재해요. 하지만 뚜렷하게 분리되지 않았어요. 행정부도 법을 만들고 시행할 수 있

어요. 법안의 투표를 위한 제안은 입법부인 의회만 할 수 있지만요. 또 사법부도 행정부로부터 독립적이지 않아요. 대통령이 검사를 임명하고 검사는 법무부에 소속되어 있으니까요.

프랑스 행정부의 절대 권력

1958년에 수립된 프랑스의 제5공화국은 군주제와 비슷하다는 평가를 늘 받았어요. 대통령의 권한이 매우 크기 때문이에요. 드골 장군으로 대표되는 제5공화국은 대통령을 모든 조직의 중심에 두었어요. 2002년까지 대통령을 견제하는 장치가 있었지만 다음의 두 가지 조치가 결정되면서 사라졌어요.
- 대통령의 임기가 7년에서 5년으로 바뀌었어요.
- 대통령 선거 기간이 의회 의원 선거 기간과 뒤바뀌었어요.

과거와 달리 대통령 선거 직후 의회 의원 선거가 치러져요.

영향

대통령 선거는 프랑스 정치에서 가장 중요한 사건이 되었어요. 새로운 대통령이 뽑히면 시민들은 보통 새 대통령이 속한 정당

후보에게 표를 던져요. 결국 대통령이 속한 정당이 여당이자 다수당이 되고 의회는 대통령의 결정을 무조건 승인하는 구조가 되지요.

또 다른 민주주의 모델, 스웨덴

스웨덴은 입헌 군주제 국가예요. 국가의 수반은 왕이지만 실제로는 권력을 가지고 있지 않아요. 가장 중요한 권력 기구는 입법부예요. 민주주의 사회라면 그래야 하지요. 스웨덴 의회는 1970년에 상원을 폐지했고 하원인 '릭스다겐'만 있어요. 의원들은 시민들이 직접 투표하는 보통 선거로 뽑히는 동시에 비례대표제를 따라요. 비례대표제는 의석수가 정당의 득표수에 따라 정해지는 제도예요. 따라서 유권자의 뜻이 반영되지요.

입법부는 정부를 견제하고 정부는 입법부 앞에서 책임을 져요. 총리는 의원들이 임명하기 때문에 권력을 사유화하는 일이 훨씬 적어요.

시민들의 또 다른 표현 수단

불만 표시하기

선거철이 아닐 때는 시위가 시민들의 유일한 표현 수단이에요. 시위를 통해 정부 정책에 반대하지요. 이는 국제법으로 인정된 권리예요.

프랑스에서는 시위를 하려면 사전 승인을 받아야 해요. 시위 예정일로부터 48시간 이전까지 구청에 신고해야 하지요. 국제사면위원회는 이 절차가 시민의 기본권인 시위의 자유를 행사하는 데 걸림돌이 된다고 평가해요.

우리나라도 '집회 및 시위에 관한 법률'에 의해 시위를 시작하

기 48시간 전까지 관할 경찰서장에게 신고서를 제출해야 해요. 해가 진 뒤에는 집회나 시위가 법적으로 금지되어 있지요. 다만 문화 행사는 예외라서 촛불을 들고 문화제 성격의 집회를 여는 것이 하나의 시위 문화로 자리 잡았어요.

정당에서 싸우기

오랫동안 시민들은 정당에 가입해서 투쟁했어요. 프랑스에서는 1950년대와 1960년대에 주요 정당의 당원이 50만~100만 명이나 되었어요. 하지만 몇십 년 전부터 시민들의 관심이 줄어들었지요. 1981년 사회당 당원 수는 21만 4,000명이었지만 2021년에는 활동 당원 수가 2만 명이 채 안 되었어요. 공화당 당원 수는 6만 5,000명 정도라고 해요(프랑스 전체 유권자 수는 4,800만 명이에요). 우리나라 당원 수는 2021년 기준으로 1,000만 명을 넘어섰어요. 인구 대비 20.2퍼센트의 비율이에요.

언론이 제4의 권력이라고요?

어떤 결정을 내리려면 그와 관련된 정보를 잘 알아야 해요.

다시 말해서 시민들이 좋은 정보를 얻을 수 있어야 해요. 정보 제공 역할을 하는 언론을 다른 세 권력을 견제할 수 있는 제4의 권력이라 불러요. 언론 매체가 많으면 그만큼 의견도 다양하게 소개하겠지요?

하지만 대부분의 언론사를 소수의 경영자가 사들였어요. 프랑스에서는 억만장자 열 명이 일간지의 90퍼센트와 대부분의 텔레비전, 라디오 방송국을 소유하고 있어요. 사람들은 이들이 언론을 자신들의 이익을 위해 이용한다고 비난하지요.

우리나라는 언론사 소유 제한 규정을 두어 특정 기업이 지상

파 언론사 지분은 10퍼센트를, 종합 편성 채널 지분은 30퍼센트를 초과하여 소유할 수 없도록 하고 있어요.

인터넷과 소셜네트워크서비스(SNS)

인터넷은 엄청난 양의 정보를 사람들에게 제공하는 놀라운 발명품이에요. 초기에는 중립성이 강조되었지만 지금은 기업들(유튜브, 페이스북 등)이 정보를 마음대로 검열해요. 그래서 인터넷은 정보 전쟁에 있어 가장 중요한 공간이 되었어요.

인터넷은 누구에게나 표현할 자유를 제공해요. 기자가 아닌 사람도 정보를 생산하고 전달할 수 있지요. 인터넷은 모두가 비판력을 키울 좋은 기회를 준 셈이에요. 하지만 가짜뉴스가 돌아다니고 사람들을 조종하려는 시도가 증가했어요. 또 법원의 역할을 대신해 누군가를 심판하려는 경향도 나타났지요.

예를 들어 몇 년 전 한 사건의 용의자에 대한 무죄추정의 원칙이 지켜지지 않았어요. 인터넷에서 그 사람에 대한 신상정보가 퍼졌지요. 알고 보니 그 사람은 범인이 아니었어요. 무죄 판결이 났을 때는 이미 그 사람의 일상이 무너진 뒤였어요. 만약 무죄추정의 원칙이 지켜졌더라면 이런 일은 없지 않았을까요?

위기의 민주주의 국가들

투표를 하지 않는 시민들, 더 잦아진 시위, 우려스러운 여론 조사 결과 등 민주주의 국가들은 시민이 정치와 언론을 불신하는 상황에 마주해 있어요.

투표하지 않는 유권자 증가는 민주주의의 위기일까요?

2017년에 치러진 프랑스 의회 의원 선거 2차 투표에서 유권자의 57.36퍼센트가 기권했어요. 지방 선거 1차 투표가 치러진 2021년 6월 20일에는 기권율이 66.7퍼센트로 치솟았고요. 이는 제5공화국 역사상 최고 기록이었어요. 2022년 대통령 선거 2차 투표에서는 선거인 명부에 등록한 유권자의 28퍼센트가 결국 투표하지 않았어요. 무효표를 던진 사람(6.23퍼센트)까지 합친다면 프랑스인 세 명 중 한 명은 그 어떤 후보에게도 표를 주고 싶지 않았다는 뜻이에요. 300만 명은 아예 선거인 명부에 등록도 하

지 않았어요.

정치인에 대한 불신

시민들은 정치인에게 두 가지 불만을 품고 있어요. 현실과 동떨어져 있다는 점과 부패가 만연하다는 점이지요.

• 다수의 유권자와 동떨어진 계층의 당선자

선거 당선자들은 국민의 어려움은 아랑곳하지 않고 그들만의 세계를 만드는 것 같아요. 프랑스에서는 선거 당선자들의 출신 계층은 문제도 되지 않아요. 의회 의원 중에서 빈곤층 출신이 아예 없으니까요. 노동자는 0퍼센트, 농민은 2.7퍼센트, 근로자는 4.6퍼센트, 중간 간부는 6.3퍼센트, 수공업자, 상인, 기업인은 10.5퍼센트에 그치고 기업 간부와 전문직 종사자는 76퍼센트(노동 인구에서 차지하는 비율보다 4.4배 높아요)나 차지해요.

우리나라는 21대 국회 의원 기준, 기존 국회 의원 출신이 가장 많았어요. 300명 중 142명으로 47.3퍼센트를 차지했어요. 그다음은 정치인이 78명(26퍼센트)으로 뒤를 이었어요. 국회 의원이나 정치인 출신이 아닌 국회 의원 중에서는 관료 출신이 가장 많았어요. 법조계 출신이 20명으로 초선 국회 의원의 25퍼센트를 차지했어요. 그다음은 교육자가 19명으로 23.8퍼센트였지요. 전·현직 국회 의원을 합치면 법조계 출신 인물이 전체의 30퍼센트를 차지하고 있어요.

• 부정부패

금융 스캔들이나 뇌물 사건 등은 최근에만 있는 일이 아니에요. 하지만 인터넷이 발달한 요즘은 사건이 드러나는 일이 잦아져 부패가 만연했다는 인상이 강해졌어요. 프랑스의 여론 조사 결과만 봐도 알 수 있지요.

'정치인들은 대부분 부패했을까'라는 질문에 응답자의 65퍼센트가 그렇다고 대답했어요. '정치인들이 여론을 신경 쓸까'라는 질문에는 '그렇지 않다'라는 응답이 80퍼센트였어요. '정치' 하면 무슨 생각이 드냐는 질문에는 4명 중 1명이 불신과 혐오라고 답했어요.

언론에 대한 불신

대의 민주제의 시민들은 더는 언론을 믿지 못해요. '민주주의' 국가라고 하는 40개국에서 이루어진 여론 조사에서 핀란드와 포르투갈을 포함한 6개국에서만 언론을 믿는다는 응답 비율이

50퍼센트를 넘었어요.

  나머지 국가에서는 언론에 대한 불신이 매우 강했어요. 언론을 믿는다는 응답 비율은 미국이 29퍼센트, 영국이 28퍼센트, 대만이 24퍼센트, 한국과 프랑스가 각각 23퍼센트였어요.

시민들이 무관심해진 걸까요?

대의 민주주의 국가들이 겪는 위기는 시민들의 정치 무관심으로 해석되곤 해요. 하지만 직접 민주제에 대한 요구는 최근 들어 점점 더 늘어나고 있어요.

아이슬란드의 냄비 혁명

2008년, 국제 금융 위기가 끝나고 아이슬란드는 매우 심각한 금융 위기를 맞았어요. 시민들은 파산한 은행의 빚을 세금으로 갚는 것을 원하지 않았지요. 그들은 냄비를 들고 나와 시위를 벌였고 결국 정부는 물러났어요.

그러자 헌법을 바꿔야겠다는 이야기가 나왔어요. 제비뽑기로 뽑힌 1,000명의 시민들이 이 문제를 논의했어요. 그렇게 만들어 낸 법안을 국민에게 보여 주었고 2010년 11월, 국민 투표를 통해 이들 중 25명이 입헌 의회를 구성하도록 했어요. 새로운 헌법을 만들 때 누구나 SNS로 아이디어를 제안할 수 있었어요.

새로 만들어진 헌법은 114조로 구성되었어요. 하지만 채택될 당시에는 의원들이 많이 수정한 상태였지요.

베르겐 시민들의 청원

노르웨이 남서쪽에 있는 베르겐(주민 수 27만 6,000명)은 이곳에 3년 이상 거주한 사람이라면 누구나 자신의 의견을 직접 시의회에 제출해서 검토받을 수 있도록 했어요.

프랑스 사이양의 시민 의원들

2014년 시의회 선거에서 선거 공약이나 소속 정당이 없는 시민들이 뽑히는 이변이 벌어졌어요. 후보자들은 주민에게 힘을 합쳐 함께 결정하자고 제안했지요.

1,200명의 주민 중 200~300명의 주민이 적극적으로 참여했어요. 사람들의 참여가 부족하긴 했지만, 발언 시간이 제한되어 있다는 점도 비판의 대상이었어요. 의견은 낼 수 있지만 사람들을 설득할 시간이 부족했으니까요.

2020년에는 결국 기존 시의회 의원들이 모두 낙마했어요. 이 새로운 실험으로 사이양뿐만 아니라 다른 지역에서도 시민들의 선거 출마가 이어지고 있어요.

2020년 시민 후보들

프랑스에서는 10년 전부터 헌법 모임이 생기기 시작했어요. 시민들이 헌법을 읽고 더 민주적인 헌법을 작성하려고 연습하는 모임이지요. 2021년에는 시의회 선거 당시 시민들이 후보로 나섰어요. 표는 많이 얻지 못했지만 많은 시민이 정치에 참여하고 싶다는 뜻을 보여 주었어요.

현재의 위기는 정치 시스템을 더 민주적으로 개선할 기회가 될 수 있어요. '위기(crisis)'의 어원인 그리스어 '크리시스(krisis)'도 새로운 방향으로 나아갈 수 있는 결정적인 순간을 뜻하지요.

한 가지는 분명해요. 역사의 새로운 장을 여는 데 더 많은 시민이 참여할 수 있다면, 우리가 지금껏 열망해 온 이상적인 민주주의에 한 걸음 더 가까워질 거예요.